Mechthild Kleinschnittger

Modellieren ohne Brennen

Fensterbilder - Mobiles - Raumschmuck

frechverlag

> ***Hinweis für Hobbytöpfer***
> *Die abgebildeten luftgetrockneten Objekte aus Modelliermasse können auch aus Ton gefertigt werden. Das Werkstück muß dann aber gebrannt werden. Ein Glasieren dieser Motive ist nicht erforderlich. Effektvolle Farbwirkungen können auch durch eine Braunsteinfärbung oder einfach - ohne Einbrand - durch eine Patinierung oder eine Bemalung mit amerikanischen Kalt-Malfarben erzielt werden. Anregungen zur Herstellung von rustikalem und elegantem keramischen Raumschmuck finden Sie auch in meinem Buch „Fenster- und Raumschmuck aus Ton".*

Weitere Titel zum Thema "Modellieren":

TOPP 1187

TOPP 1522

TOPP 1619

Fotos: Frech Verlag GmbH + Co. Druck KG, D-70499 Stuttgart, Birgitt Gutermuth; Fotostudio Ullrich + Co. Renningen

Auflage: 5. 4.
Jahr: 1998 97 96
Letzte Zahlen maßgebend

frechverlag GmbH + Co. Druck KG, D-70499 Stuttgart
ISBN 3-7724-1726-4 · Best.-Nr. 1726
Druck: Frech-Verlag GmbH + Co. Druck KG, D-70499 Stuttgart

***Selbstgefertigte Arbeiten** aus luftgetrockneter Modelliermasse haben viel Ähnlichkeit mit keramischen Kunstwerken. Modelle aus rotbrauner Masse sehen nach dem Patinieren fast aus wie Terracotta-Keramik. Solche Heimdekorationen wirken in jedem Raum überaus reizvoll und haben stets eine individuelle Ausstrahlung. Das Gestalten mit Modelliermasse ist ein problemloses Hobby, da das Material nicht gebrannt werden muß. Objekte aus dieser Masse härten durch Lufttrocknung aus. Dabei werden sie sehr fest und beständig, so daß Sie viel Freude an Ihren Arbeiten haben werden. Bei den meisten Modellen des Buches - Fensterbilder, Wandbilder und Mobiles - wird die jeweilige Motivzeichnung aus einer ausgewalzten Platte herausgeschnitten. Danach werden die Konturen etwas ausmodelliert und manchmal noch Blüten oder andere Kleinteile angesetzt. Diese Arbeitweise ist sehr einfach und auch von Anfängern schnell zu erlernen.*

Viele Vorschläge dieses Buches können auch schon von größeren Kindern nachgearbeitet werden. Schnell lassen sich kleine Geschenke zum nächsten Fest anfertigen und Langeweile verfliegt im Nu! Die räumliche Zuordnung der Objekte ist natürlich nur ein Vorschlag, und es bleibt Ihnen überlassen, einen ganz anderen Platz auszuwählen. Der beiliegende Vorlagenbogen hilft Ihnen, das Motiv mühelos zu übertragen. So können Sie gleich mit dem Ausschneiden beginnen und frisch ans Werk gehen!

Es wird Ihnen bestimmt gelingen!
Mechthild Kleinschnittger

Tonähnliche Modelliermasse: Gebrauchsfertig und lufttrocknend

Diese Modelliermasse ist ein idealer Werkstoff zum kreativen Gestalten. Das vakuumverpackte Material kann sofort verarbeitet werden und wird durch Lufttrocknung sehr hart. Die fertigen Modelle brauchen nicht gebrannt zu werden, trotzdem sehen sie fast aus wie Keramik. Besonders leicht lassen sich aus dieser Masse flache, bildähnliche Objekte herstellen, wie Sie sie hier im Buch finden.

Tonartige Modelliermasse wird aus natürlichen Tonerden hergestellt, unter Beigabe von Cellulose und anderer Zusatzstoffe. Sie wird deshalb auch als **"Lufttrocknender Ton"** bezeichnet und ist in Bastelgeschäften erhältlich.

Zur Herstellung der dargestellten Mo delle habe ich die unten abgebildete Massen verwendet: *„Der weiße Knet Ton"* bzw. *„Der Terracotta-Ton"*.

Meist werden weiße, rotbraune (terra cottafarbene) oder tiefrotbraune Mas sen in 500 g - 2000 g-Packungen ange boten. Empfehlenswert ist der Erwer eines 1000 g-Blocks. Bei dieser Meng kann die Grundplatte so groß ausgerol werden, daß das ganze Motiv darau ausgeschnitten werden kann. Somit er spart man sich mühevolles Ansetzen Diese Packungsgröße ist auch schnel zu verarbeiten. Die Zusammensetzun und Beschaffenheit von Modellier massen kann - je nach Hersteller - etwa unterschiedlich sein. Beachten Sie da her auch die Verarbeitungshinweise de jeweiligen gekauften Produktes. Ange brochene Blöcke lassen sich in einen gut verschlossenen, festen Folienbeute

Block anfeuchten) mehrere Wochen ang aufbewahren.

)ie modellierten Objekte können in den rsten Tagen nach der Fertigstellung lurch Schaben oder Schnitzen mit dem ;kalpell weiterbearbeitet und nach völiger Trocknung bemalt oder patiniert verden.

Verkzeug

/erwenden Sie als Arbeitsuntergrund ine glatte, **unbeschichtete Spanplate.** Hierauf kann das Werkstück auch :um Trocknen liegenbleiben. Die Feuchigkeit aus der Unterseite wird dabei om Brett aufgesaugt, so daß das Obekt gleichmäßig trocknet und sich nicht o schnell verzieht. Besorgen Sie sich nöglichst zwei, etwa gleich große Breter (Abfallstücke kann man in Baunärkten für wenig Geld kaufen).

Alle benötigten Materialien sehen Sie uf dem Foto auf Seite 4. Die Ziffern im Text beziehen sich auf die Ziffern im Materialfoto.

)ie Grundplatte wird mit einem Nudelıolz ausgerollt. Das Motiv läßt sich am esten mit einem kleinen Skalpell **(Nr. 1)** ausschneiden. Mit der spitzen Klinge les Skalpells gelangt man auch in die chmalsten Winkel. Das Skalpell ist gleichzeitig als Schnitzmesser verwendar. Man kann damit am angetrocknen Objekt noch Feinheiten ausarbeiten.)iese einfachen **Skalpelle für Bastelund Modellierarbeiten** sind in Bastel,- Schreibwaren- oder Töpferbedarfsgechäften preiswert erhältlich. (Es muß cein teures Spezialmesser sein! Papierutter sind wegen ihrer breiteren Klinge nicht geeignet.) Als Ersatzwerkzeug und für Kinderarbeiten ist auch ein **gebogenes Schälmesser** sehr brauchbar.

Zur Ausarbeitung der inneren Konturen benutzt man spitze, möglichst feine **Modellierhölzer (Nr. 2, 3)** und zum Glätten dünne, lang- und kurzhaarige **Borstenpinsel (Nr. 4).** Auch hölzerne Schaschlikstäbchen sind hilfreich.

Unebenheiten lassen sich nach dem Trocknen mit **Sandpapier** entfernen.

Grundanleitung

Übertragen der Motive vom Vorlagenbogen

Alle Modelle, die auf dem Vorlagenbogen aufgezeichnet sind, können nach folgender Anleitung angefertigt werden:

1. Grundplatte ausrollen

2. Motiv vom Vorlagenbogen auf Pergamentpapier durchzeichnen und auf die Grundplatte übertragen

3. Motivumrisse ausschneiden und Ränder glätten

4. Konturen ausarbeiten

Bei Arbeitsunterbrechungen das Objekt unbedingt mit einem feuchten Tuch oder Folie abdecken.

zu 1): Schlagen Sie den Modelliermassenblock vor dem Ausrollen mehrmals kräftig mit allen Seiten auf eine Tischplatte auf, und drücken Sie ihn anschließend mit dem Handballen etwas flach. Danach rollen Sie die Masse mit dem Nudelholz auf einer Spanplatte unter stetigem Wenden des Knet-Tons gleichmäßig aus, etwa 6 - 8 mm

stark. Je größer das Objekt, desto stärker sollte auch die Grundplatte sein. Manchmal bilden sich auf der Oberfläche Luftblasen. Entfernen Sie diese durch Einstechen mit einer Nadel und anschließendes Überrollen.
Legen Sie nun ein Blatt glattes Schreibpapier oder ein Stück dünne, glatte Folie unter die ausgewellte Platte, damit das Objekt beim Bearbeiten nicht an der Spanplatte anklebt.

zu 2): Nun kann das ausgewählte **Motiv** auf die Grundplatte **übertragen** werden. Der Vorlagenbogen wird nicht beschädigt, wenn man ein Pergamentpapier auf das Motiv legt und dieses nachzeichnet *(alle durchgezogenen Linien der Vorlage).* Anschließend legt man die Pergamentzeichnung auf die ausgerollte Platte und zieht die Linien mit einem spitzen Bleistift nach, so daß auf der Grundfläche ein gut sichtbarer Abdruck entsteht.

zu 3): Danach werden die **Umrisse** des Motivs *(die durchgehenden Linien neben der roten Punkt-Markierung)* mit einem Bastel-Skalpell ausgeschnitten (Abb. 1). Die durchgezogenen Linien ohne rote Markierung sind Innenlinien, die nur modelliert werden. Manchmal lassen sich einzelne Motivteile auch mit einem Plätzchen-Ausstecher ausstanzen. Die Ränder werden mit angefeuchteten Fingern geglättet und schön abgerundet (Abb. 2). Für das Glätten von spitzen Ecken und kleinen Ausschnitten benutzt man einen dünnen, feuchten Borstenpinsel.

1

2

Die **Löcher** zum späteren Durchziehen eines Aufhängebandes müssen etwas größer gearbeitet werden, da das Objekt beim Trocknen etwas schrumpft. Man kann auch aus dünnem Draht gebogene Häkchen in den Rand der Grundplatte miteinarbeiten. Die Enden dabei gut einbetten, und die Masse fest um das **Häkchen** andrücken.

Zum Foto rechts:
Glockenstern: Herstellung nach der Grundanleitung. Die Glocken mit einem Förmchen ausstechen. Zum Strukturieren Rillen ziehen oder ein Muster mit einem Sektkorken oder einer gewellten Filzstiftkappe eindrücken. Patina-Auftrag (Brauntönung)

Objekte für das Wohnzimmer

zu 4): Anschließend können Sie die **Konturenlinien** der Innenflächen ausarbeiten. Ziehen Sie diese Linien mit einem spitz abgeschrägten, angefeuchteten Modellierhölzchen nach. Das Hölzchen dabei schräg halten (Abb. unten). Stark ausgeprägte, tiefe Konturen erhält man, wenn die Linien anschließend nochmal mit einem dünnen, kurzhaarigen, nassen Borstenpinsel nachgezogen werden. Entstehende Unebenheiten werden mit angefeuchtetem Finger oder Pinsel geglättet. Rillen lassen sich mit einem spitzen, angefeuchteten Modellierholz, einem Bleistift, einem hölzernen Schaschlikstäbchen oder einer leeren Kugelschreibermine ziehen. Mit diesen "Werkzeugen" kann man auch bestimmte Motivteile durch punktuelles Eindrücken effektvoll **strukturieren**.

Nach der Fertigstellung muß eine untergelegte Folie entfernt werden, damit die Feuchtigkeit auch nach unten entweichen kann. Nehmen Sie das Werkstück zu diesem Zweck aber nicht hoch, sondern **wenden** Sie es wie folgt: Eine Spanplatte über das Objekt legen, die

beiden Bretter mit beiden Händen umfassen und in schnellem Schwung umdrehen. Die Rückseite etwas antrocknen lassen und das Objekt anschließend wieder wenden. Eine Schreibpapierunterlage kann liegen bleiben (ab und zu erneuern).

Ausarbeitung der Rückseite bei frei hängenden Objekten

Damit sich die an der Vorderseite angelegten Konturen nicht wieder eindrükken, wird die Rückseite erst dann ausgearbeitet, wenn die Oberfläche der Vorderseite etwas angetrocknet ist. Dann wird das Objekt, wie beschrieben, gewendet. Die Ränder glätten und das Motiv auf die Rückseite übertragen (Zeichnung mit der linken Seite auf das Werkstück legen). Anschließend die inneren Konturen ausarbeiten. Die fertige Rückseite ebenfalls antrocknen lassen und das Objekt wieder wenden.

Aufmodellieren und Ankleben einzelner Kleinteile

Bei einigen Objekten sind ausgeschnittene Motivteile oder selbstgeformte Kleinteile (Blüten, Röllchen u.ä.) zur plastischen Hervorhebung auf der Grundfläche aufgesetzt worden. Diese Aufsatzflächen sind auf dem Vorlagenbogen durch schwarze, gestrichelte Linien gekennzeichnet, die auch mit Pergamentpapier übertragen werden können. Die Kleinteile sollten nur an der Vorderseite aufmodelliert werden, damit das Objekt in ebener Lage trocknen kann.

Bei frei hängenden Objekten muß vor lem Aufsetzen von Einzelteilen erst die Rückseite ausgearbeitet werden, damit las Werkstück später nicht mehr gevendet werden muß.)

orderseite: Wenn die Modelliermasse ıoch weich ist, genügt es, wenn Sie das Einzelteil und die jeweilige Ansatzstelle nit Wasser befeuchten und fest aneinanderdrücken (siehe Abbildung unten). st das Werkstück schon angetrocknet, vird die Ansatzstelle oder das Kleinteil ıach dem Befeuchten mit ein wenig „Schlicker" bestrichen. Beim Ansetzen von Blüten, Kugeln u.ä. muß wegen der geringen Auflagefläche stets Schlicker verwendet werden. Die aufgesetzten Teile gut andrücken.

Rückseite: Für die Rückseite werden die entsprechenden Teile vorgefertigt und später - am trockenen Objekt - mit Klebstoff befestigt. Besonders schnell geht das mit einer kleinen Heißklebepistole (Mini-Ausführung), die im Bastelgeschäft preiswert erhältlich ist.

Schlicker-Herstellung:
Etwas frische Modelliermasse in Wasser längere Zeit einweichen und anschließend zu einem weichen Brei verrühren. Schlicker bewirkt, auch auf angetrockneten Flächen, eine besonders gute Verklebung.

Reste:

Reste immer sofort mit einem feuchten Tuch abdecken. Unbrauchbare Stücke gleich in ein nasses Tuch wickeln, durchweichen lassen und den Klumpen anschließend mehrmals kräftig auf eine Tischplatte aufschlagen, bis die Masse wieder homogen ist.
So lassen sich weiche Plattenstücke miteinander verbinden: Nahtzonen mit einer Gabel aufrauhen, anfeuchten, etwas anschlickern und in übereinanderlappender Weise fest aufeinanderdrükken. Mit dem Modellierholz die Kanten sehr sorgfältig verstreichen (auch an der Unterseite) und mit dem Finger glätten.

Feinheiten ausarbeiten:

Die genaue Ausarbeitung von Feinheiten ist auf frischer Modelliermasse nur in begrenztem Umfang möglich. Einzelne Details können viele besser auf der angetrockneten Oberfläche mit dem Skalpell durch Abschaben oder Schnitzen herausgearbeitet werden (in den ersten Tagen nach der Fertigstellung des Objekts). Durch solche Schnitzarbeiten lassen sich sehr plastisch ausgearbeitete Motivteile noch erheblich vervollkommnen.

Trocknung

Das Werkstück soll **langsam** und **gleichmäßig** trocknen. Lassen Sie es auf der Spanplatte liegen (nicht in Heizungsnähe). Die Länge der Trockenzeit ist abhängig von der Plattenstärke und der Raumtemperatur. Kleine Arbeiten trocknen in wenigen Tagen, größere benötigen meist 1 -2 Wochen.

Aus Platten gearbeitete Objekte können sich beim Trocknen verziehen - auch noch nach mehreren Tagen. Um dies zu verhindern, sollte das Werkstück ab und zu **gewendet** und entsprechend **beschwert** werden. Auf ebene Flächen kann man in der ersten Zeit eine unbeschichtete Spanplatte legen (später entfernen und das Werk direkt mit kleinen Gewichten - Dosen, Gläser usw. - beschweren). Bei Objekten mit aufmodellierten Einzelteilen werden die Gewichte auf die dünneren, flachen Teile gestellt.

Kleine **Unebenheiten** und unsaubere Ränder können nach völliger Durchtrocknung mit einem feinen Sandpapierstreifen vorsichtig abgeschliffen werden. Starke Kratzspuren dabei vermeiden, da diese bei transparenten Patinierungen sichtbar sind.

Farbgestaltung

Objekte aus Modelliermasse können nach dem Trocknen bemalt oder patiniert werden. Eine Patinierung oder ein dezenter Farbauftrag kann die Ausstrahlung eines Werkes erheblich steigern, oft genügen einige Farbtupfer.

Bemalen:
Zum Bemalen sind viele Farben geeignet, z.B.:

1. Wasserfarben oder **Aquarellfarben** (auf weißen Objekten). Der Farbauftrag kann durch Übersprühen mit einem seidenmatten Bastel-Klarlack-Spray wischfest gemacht werden.

2. Matt- und **Acrylfarben** oder **Keramikfarben** (matt auftrokknend)

3. Goldene oder **silberne Metallic-Bronzen** (metallisch glänzend)

4. Keramik-Kaltmalfarben (zwei- bis dreimal auftragen), **Bronzefarbene Metallic-Kaltmalfarbe** wirkt besonders schön und dezent.
Die Farben Nr. 2 -4 sind lichtbeständig und wasserfest.

Patinieren

(Nachahmen von Terracotta-Keramik)

Objekte aus rotbrauner Modelliermasse sehen nach der Herstellung fast aus wie echte Terracotta-Keramik. Der intensive Farbton verblaßt jedoch beim Trocknen oft erheblich. Solche Modelle werden wieder sehr ausdrucksvoll, wenn sie ganz oder teilweise patiniert werden. Dabei läßt sich auch eine effektvolle Tiefenwirkung erzielen.

Brauntönung/ Farblose Auffrischung stark aufgehellter Objekte

Zum Patinieren benötigen Sie ein Gläschen „KERA TINTO-Patina für Keramik“ und eine kleine Tube „KERA TINTO-Ölfarbe, Vandyck-Braun“ (im Bastelgeschäft erhältlich). Falls nicht vorrätig, können Sie als Ersatz auch eine ölige Patina und eine dunkelbraune Ölfarbe für Bauernmalerei benutzen.

Anwendung:

Etwas Patinaöl und ein klein wenig Ölfarbe auf ein Tellerchen geben und miteinander vermischen. Diese Mischung zunächst auf alle strukturierten, erhabenen oder vertieften Stellen des trockenen Werkstücks so auftragen, daß die dunkle Farbmischung in den Rillen und Vertiefungen haften bleibt. Die Patina-Mischung gleich nach dem Auftragen mit einem fusselfreien Tuch - quer zur Struktur - abwischen. Wenn keine Konturen vorhanden sind und die Fläche nur aufgefrischt werden soll, kann die Patina auch ohne Farbzugabe aufgetragen werden.

*Bei Verwendung von **dunkler, tiefrotbrauner Modelliermasse** kann das getrocknete, unbehandelte Werkstück oft etwas zu rötlich wirken. Der rote Farbton läßt sich aber durch einen ganzflächigen Auftrag der eben beschriebenen Patina-Mischung abschwächen. Hierdurch entsteht eine bräunliche Färbung und damit eine keramik- oder holzähnliche Oberfläche.*

Patina-Auftrag (Brauntönung)
Herstellung wie „Enten-Mobile“, **siehe Seite 31**

Konturenbetonung mit weißer Patina
Weiße Patinierungen im südländischen Stil wirken am besten auf Objekten, die Rillen, Strukturen oder Vertiefungen aufweisen. Für solche Patinierungen gibt es eine spezielle weiße Universal-Patina mit einem dazugehörigen Patinier-Fixativ (Bastelgeschäft). Mit diesen Produkten wurden auch die Objekte auf den Seiten 26/27/38/39 patiniert. Sie können aber auch die am Schluß angegebenen Ersatzmittel verwenden.

Anwendung:
Etwas Patinier-Fixativ mit einer ganz kleinen Menge weißer Patina auf einem Teller oder einem Deckel sorgfältig vermischen (Probeauftrag an einem Reststück vornehmen). Die Mischung nur auf Konturen, Rillen, Ansätze und Vertiefungen auftragen und die überschüssige Patina sofort von den erhabenen Teilen mit einem sehr weichen Tuch wieder abreiben. (Bei längerer Einwirkungszeit läßt sich die Patina nur durch sehr festes Reiben entfernen, wobei das Objekt leicht zerbrechen kann). Wenn ein zu starker Weißschleier verbleibt, kann dieser durch Abreiben mit Patinier-Fixativ oder - noch einfacher - mit Kera Tinto-Patinaöl entfernt werden. Hierdurch wirken terracottafarbene Objekte auch kontrastreicher und ausdrucksvoller.

Die für die Brauntönung verwendbaren Patina-Öle können auch als **Ersatzmittel** für das Fixativ dienen (mit weißer Ölfarbe oder weißer Universal-Patina mischen und den Auftrag vor dem Abreiben kurz antrocknen lassen). Es ergibt sich ein ähnlicher Effekt.

Grünspaneffekt
Sehr antik wirkt auch eine Grünspanpatinierung. Sie benötigen dazu je ein Gläschen Metalloid-Patina in den Farben „Grünspan“ und „Braun“ (Bastelgeschäft).

Anwendung:
Die Grünspan-Patina mit einem weichen Borstenpinsel auf das Objekt auftragen und etwa fünf Minuten antrocknen lassen. Anschließend einen Borstenpinsel nur ganz leicht in die braune Patina eintauchen und diese auf einem Stück groben Papier restlos wieder vom Pinsel abreiben. Die geringe Menge, die im trockenen Pinsel verbleibt, reicht voll aus, um den Alterungseffekt zu erzielen. Mit dem Pinsel ganz leicht über die grün bemalte Fläche streichen (drybrushing). Dabei entsteht eine Hell-Dunkel-Wirkung: Die erhabenen Teile werden dunkler, in den Vertiefungen bleibt die grüne Patina erhalten.

Baum mit Früchten
Herstellung nach der Grundanleitung. Am oberen Stammende ein Röllchen aufarbeiten, damit sich der Blattbereich abhebt. Die Baumkrone mit einem porösen Steinchen oder einem Stück Rinde strukturieren.

Zur Blütenherstellung eine dünne Platte aus weißer Modelliermasse ausrollen. Die Blüten mit einem blumenförmigen Plätzchen-Ausstecher ausstanzen. In der Blütenmitte jeweils einen

Teilweiser Patina-Auftrag (Brauntönung)

Kreis ausstechen. Gleich große Löcher in der Baumkrone anlegen. Die Blüten anfeuchten bzw. anschlickern, an den Lochrändern auflegen und fest andrükken. Durch den Stamm einige Rillen ziehen, das Obst ausschneiden und die Konturen ausarbeiten. Auch für die Rückseite Blüten fertigen und nach dem Trocknen dort mit Klebstoff befestigen. Die dunklen Flächen sind patiniert worden, die hellen sind in der natürlichen Materialfarbe verblieben.

Hilfe bei kleinen Pannen

Sollte Ihr Werkstück beim Trocknen mal einreißen oder sich verziehen, so ist das kein Grund zum Verzweifeln. So lassen sich solche Fehler wieder beheben:

Verzogene Platten zwischen zwei feuchte Tücher legen und etwas durchweichen lassen. Anschließend die Konturen wieder nachmodellieren und beim Trocknen gut beschweren.

Bei kleinen **Rissen** nur die unmittelbare Umgebung mit einem nassen Tuch aufweichen. Rißzonen anschließend mit einem spitzen Holzstäbchen aufrauhen, mit Schlicker bestreichen, beide Seiten übereinanderlappend zusammenfügen, fest andrücken und gut miteinander verstreichen (etwas frische Masse zugeben). Ebenso können Sie bei **abgebrochenen Teilen** verfahren.

Bruchstellen bei trockenen Objekten lassen sich gut mit Zwei-Komponenten-Kleber wieder verbinden (unsaubere Nähte danach mit etwas Schlicker zuspachteln). Abgebrochene Blätter Blüten o.ä. können auch mit einer kleinen Heißklebe-Pistole schnell wieder angeklebt werden.

Aufhängung

Zum Aufhängen des Werkes können Sie Leder- und Seidenbänder, Makrameegarn, Nylonschnur, feine Zierkettchen oder dünne Metallketten verwenden; für Mobile-Teile eignet sich feines Häkelgarn.

Objekte aus Modelliermasse weisen nach der Trocknung eine hohe Festigkeit auf. Trotzdem sollten Sie mit Ihrem Werk sorgsam umgehen und es vor ***harten Stößen schützen.***

Rustikales Gehänge im Terracotta-Stil (ohne Vorlage)

Solche Gehänge wirken am Fenster, frei im Raum oder auch an der Wand überaus reizvoll und sehen echter Terracotta-Keramik sehr ähnlich. Die Herstellung ist besonders einfach.

Aus einer ausgerollten Grundplatte Ringe, Kreise oder andere beliebige Formen ausschneiden und glätten. Die größeren Teile sollten etwas strukturiert werden. Sie können z.B. mit einem angefeuchteten Modellierstäbchen oder mit dem Finger Rillen ziehen oder ein Muster mit Bleistift oder Streichholz eindrücken. Nach dem Antrocknen die gleichen Strukturen auch an der Rückseite anlegen.

Patina-Auftrag (Brauntönung)

Für die Aufhängung in jedes frisch modellierte Teil kleine Ösen aus dünnem Draht (z.B. Blumendraht) einarbeiten, in die später ein Kettenglied zur Verbindung der Teile eingefügt wird. Kettenaufhängung am Ast: Den Ast durchbohren. Ein kleines Drahtstück durch jedes gebohrte Loch ziehen, einen Kettenstrang einhängen und den Draht fest zusammendrehen.

Schmuckelement mit effektvoller Glaseinbettung

Kleine Scherben aus farbigem Glas oder Tiffany-Glas lassen sich sehr wirkungsvoll in Modelliermasse einbetten. Die Glasstücke müssen dafür nicht zugeschnitten werden. Man zerschlägt einfach ein Stück Glas mit dem Hammer und sucht sich geeignete Stücke, die einem Dreieck, Rechteck oder Quadrat ähneln, heraus. *(Legen Sie beim Zerschlagen ein Tuch über das Glasstück, damit Sie nicht von hochfliegenden Scherben verletzt werden!)*

Schneiden Sie nun den Kranz nach dem Vorlagenmuster aus, und legen Sie die ausgesuchten Stücke probeweise darauf.

Das Glas soll von beiden Seiten sichtbar sein. Schneiden Sie daher an den vorgesehenen Stellen rundliche Öffnungen in den Kranz, die in etwa der Form Ihrer Glasstücke entsprechen.

Die Öffnung muß dabei immer etwas kleiner als das jeweilige Glasstück sein, damit noch eine Auflagefläche erhalten bleibt. Legen Sie nun die Scherbe über die Öffnung, und drücken Sie sie etwas in die umgebende Masse ein. Danac werden die kleinen Wülstchen so au die Scherbe aufgelegt, daß alle spitze Ecken und Kanten abgedeckt sind un nur noch ein rundliches Glasfensterche sichtbar ist (ringsum gut mit der Kranz platte verstreichen). Die Fensterrände mit Wattestäbchen oder einem Borsten pinsel säubern.

Zur Strukturierung lianenartige Rille um die Fensterchen ziehen oder mi einem Bleistift Muster eindrücken. Di Anhänger in gleicher Weise bearbeiter Die Lochränder an der Rückseite glät ten und nachmodellieren. Auch hie Strukturen anlegen.

Wer Keramikton verwendet und bren nen muß, kann kein Glas einlegen un sollte nur viele rundliche Öffnunge ausschneiden.

▶

Unbemalte Grundfläche, nur in den Strukturen leich ter Auftrag von Wasserfarbe.

Motive für das Eßzimmer

Fruchtkörbchen

Das Motiv nach der Grundanleitung arbeiten. Den Korbbügel mit einem Wulst verstärken (anfeuchten bzw. anschlickern, Wulst fest aufdrücken und verstreichen). Die Konturen ausarbeiten. Die Querlinien des Korbgeflechts einritzen, in senkrechter Richtung dünne, angefeuchtete Röllchen auflegen und festdrücken.

Das Obst wirkt natürlicher, wenn es plastisch ausgearbeitet ist. Das geht am besten so: Am linken Korbrand beginnen und die für den ersten Apfel vorgesehene Stelle anfeuchten. Eine Kugel formen und sie so lange mit kreisenden Bewegungen an dieser Stelle andrükken, bis der Durchmesser der Kugel etwa um die Hälfte reduziert ist. Etwas ausarbeiten und die nächsten Früchte ebenso ansetzen. Bei den Birnen werden die Kugeln vor dem Aufdrücken länglich ausgestrichen. Für die Bananen mehrere Röllchen nebeneinand legen, für die Trauben viele kleine Ku geln auf- bzw. nebeneinander ansetze (anschlickern).

Weinrebe

Die Rebe läßt sich leichter hersteller wenn die Trauben auf einer Grundplatt befestigt werden (in Blattform aus schneiden - siehe Vorlage). Die Blatt stiele mit einem dicken Röllchen ve stärken (anfeuchten, anschlickern, fes andrücken und gut mit dem Grundste verstreichen). Die Konturen der Blätte etwas ausarbeiten.

Für die Trauben Kugeln verschiedene Größe herstellen. Die erste Schicht de Trauben mit Schlicker auf der Auflage fläche befestigen, die weiteren (ange schlickerten) Trauben aufeinander setzen und ein wenig andrücken (zwi schendurch etwas antrocknen lassen Zum Schluß noch den Rebenstiel an de oberen Blattstiel ansetzen und mit de Rebe verbinden.

Das Werkstück darf erst bei völlige Trockenheit bewegt werden. Die Trock nung kann mehrere Wochen dauern.

Dekorative Blätter

Die Blätter nach der Vorlage ausschnei den (ein Blatt etwas verkleinern).

Glätten und die Konturen nachziehen Auch an der Rückseite einige Ader einritzen. (Schöne Abdrücke ergebe sich auch, wenn man natürliche Blätte mit ausgeprägtem Adernetz auf di Grundplatte legt und überwalzt.) Di Blätter in natürlicher Form wölben.

Objektbeschreibung:
Patina-Auftrag (Brauntönung)

Bemalung mit Wasserfarben

Blütenherstellung
(linkes Blatt Seite 20):
Plätzchen-Ausstecher verwenden, mit Schlicker ansetzen.

(rechtes Blatt Seite 20):
Die Blütenblätter einzeln ausschneiden oder aus plattgedrückten Kügelchen formen. Beim Ansetzen das untere Blattdrittel auf dem Untergrund verstreichen.
Die Blätter ebenso ansetzen, die Beeren anschlickern, die Stiele anfeuchten und aufdrücken.
Ein paar Blüten für die Rückseite fertigen und nach dem Trocknen dort mit Klebstoff befestigen. Sehr schnell geht das mit einer kleinen Heißklebe-Pistole.
Die Blattflächen mit Wasserfarbe bemalen und diese mit einem feuchten Tuch so wieder abwischen (quer zur Struktur), daß der Farbauftrag im Adernetz gut erhalten bleibt und auf der Fläche noch als Pastelltönung sichtbar ist.

Reizendes Blumenkörbchen

Den Korb nach der Vorlage ausschneiden und die Ränder glätten. Auf den Tragebügel ein angefeuchtetes Röllchen zur Verstärkung fest aufdrücken und verstreichen.
Mit kleinen Ausstecherformen für Plätzchen viele kleine Sterne und Blümchen ausstanzen. Die einzelnen Zacken der Sterne mit dem Finger blattförmig breitdrücken. Jede Blüte in die Hand nehmen, in die Mitte eine Vertiefung drükken und den Rand etwas auswölben.

Hinten etwas Schlicker auftragen un die Blüten fest auf den Grund aufdrük ken. Beeren und Blätter anschlickern Blüten für die Rückseite fertigen un nach dem Trocknen dort ankleben (z.B mit einer kleinen Heißklebepistole).

Dekorative Weidenkugel mit modellierten Blüten

(ohne Vorlage)
Blütenherstellung:
Die Blüten mit einem blumenförmige Plätzchen-Ausstecher ausstanzen, di Ränder flacher drücken und die einzel nen Rundungen spitz ausstreichen. Di Blütenblatt-Konturen etwas ausarbei ten. Jede Blüte in die Hand nehmen, i der Mitte mit dem Finger eine Muld eindrücken und die Blütenblätter etwa nach oben wölben. Die Blüten weit ge öffnet lassen, da sie dann beim spätere Befestigen besser am Flechtwerk anlie gen. In jeder Blütenmitte zwei Löche zur späteren Drahtdurchführung einste chen. Nach dem Trocknen ein Stück Blumendraht durch die Löcher ziehe und die Blüten an einer Weidenkuge

Die Blüten sind in der natürlichen Materialfarbe belassen worden.

befestigen. Zur Verdeckung des Drahtes kann im Blütenkelch ein Kügelchen angeklebt werden. Die Kugel mit künstlichem Efeu und kleinen Seidenblümchen dekorieren.

Blüten-Ensemble

(ohne Vorlage)
Drei Wülste mit der Hand ausrollen und jeweils in eine ovale Form biegen. Die Enden übereinanderlappend zusammendrücken und mit dem angefeuchteten Modellierholz gut verstreichen. Beliebig strukturieren. Mit kleinen Seidenblumen dekorieren. Hierzu die Stiele auf eine Länge von 1 -2 cm kürzen, in die frisch modellierten Wülste stecken und an den Einstichstellen die Masse fest um die Stiele herum andrücken.
An der Rückseite können die Blüten nach dem Trocknen - ohne Stiele - aufgeklebt werden. (Wer Keramikton verwendet, muß die Blüten beidseitig ankleben). Fensterbögen sind in Bastelgeschäften erhältlich.

Lustige Steckfigürchen

Terracotta-Steckfiguren sind „in“. Hiermit lassen sich Zimmerpflanzen und Trockengestecke im aktuellen Trend hübsch dekorieren. Diese kleinen Figürchen können auch Kinder schon modellieren.

So wird's gemacht:
Motive nach der Vorlage aus der Grundplatte ausschneiden, glätten und die Konturen nachziehen.

Frosch:
Am Bauch etwas Masse ansetzen un rundlich ausstreichen. Zwei Röllche anfeuchten, als Vorderbeine auf der Bauch festdrücken (zum Gelenk hi verstreichen) und etwas ausarbeiten. I der Kopfmitte einen kleinen Hügel auf arbeiten und das Maul einkerben. Di Standfläche etwas dünner drücken, da mit der Körper besser hervorspringt.

Schnecke, Vogel, Blüten:
Für das Schneckenhaus drei Röllche formen, anfeuchten, auf der befeuchte ten Ansatzstelle festdrücken und etwa ausmodellieren. Den Körper strukturie ren. Beim Vogel den Flügel ausschnei den und ansetzen. Durch die Blüte einige Rillen ziehen oder mit dem Pinsel ende Punkte eindrücken. Den Blüten kelch verstärken.

Stab-Anbringung:
An der Unterkante der jeweiligen Figu ein tiefes Loch einstechen (bei stärke ren Figurplatten) oder an der Rückseite eine Rille ziehen. Nach dem Trockner einen Bambus- oder Holzstab in da Loch oder die Rille einkleben (sehr gu läßt sich das mit einer kleinen Heiß klebepistole ausführen).

Weißer Patina-Auftrag in den Konturen

Motive für die Küche

Entenspaziergang

Das Entenmotiv vom Vorlagenbogen auf die Grundplatte übertragen, ausschneiden und glätten. Die kleinen Entchen sollen plastisch hervorspringen und werden deshalb einzeln ausgeschnitten und auf der Grundfläche aufmodelliert. (Die Enten Nr. 1, 2 und 5 aus einem etwas dünneren Tonstück ausschneiden und an den gepunkteten Linien etwas abflachen.) Die Ansatzstelle und die Enten befeuchten bzw. anschlickern und auf der Grundplatte aufsetzen.
Den Schleifenknoten mit etwas Modelliermasse verstärken. Das daneben liegende Schleifenstück durch ein aufgelegtes, verstrichenes Röllchen andeuten. Alle Enten und die Schleife etwas nachmodellieren. Die Grasfläche mit einem spitzen Holzstäbchen strukturieren. Auch für die Rückseite kleine Enten anfertigen und nach dem Trocknen dort mit Klebstoff befestigen.
(Bei einer Besprühung mit Klarlack den Körper der Entenmutter abdecken, da er sonst gelblich werden kann). Durch ein paar angeklebte Seidenblümchen wirkt die Entenschar noch lustiger!

Entenfamilie (Wandbild)

Die Grundplatte ausrollen. Eine Ringform nach der Vorlage ausschneiden und glätten. Die Enten sollen plastisch hervorspringen und werden deshalb auf der Grundplatte aufmodelliert. Schneiden Sie die numerierten Enten einzeln aus, die Enten Nr. 1, 2 und 5 aus einem etwas dünneren Tonstück arbeiten.
Anbringung: Bei Ente Nr. 1 beginnen und anschließend die nachfolgenden Nummern der Reihe nach aufarbeiten. Die jeweilige Ansatzstelle und die entsprechende Ente gut anfeuchten. Die Ente auflegen und fest andrücken. Die Enten Nr. 1, 2, 3, 5 und 11 sind nicht vollständig zu sehen, da sie durch Nachbartiere verdeckt werden. Diese Enten nach dem Aufsetzen am gepunkteten Rand abflachen, so daß die jeweilige Nachbarente mehr hervorspringen kann. Alle Entchen etwas nachmodellieren, die Ränder abrunden und die Konturen ausarbeiten. Aus kleinen Röllchen Bei-

Reizender Schmuck für die Küche

Teilweise Bemalung mit Wasserfarben

ne formen, anfeuchten und andrücken. Die Grasfläche mit einem spitzen Stäbchen strukturieren. Den oberen Ring beim Trocknen gut beschweren.

Bemalung mit etwas Wasserfarbe (Konturen, Füße Schnäbel, Gras)

Enten-Mobile

Dieses Mobile können auch Kinder schon anfertigen und damit zum nächsten Fest eine hübsche Überraschung zaubern.

Die Herstellung ist sehr einfach:

Enten und Aufhängeplatte nach der Vorlagenzeichnung ausschneiden und glätten. Konturen ausarbeiten.

Mehrere Kügelchen zur Auflockerung und als Strangbefestigung herstellen (durchlöchern).

Patina-Auftrag (Brauntönung)

Metalloid-Patina mit Grünspaneffekt

Aufhängung:
Einen Faden durch ein Kügelchen ziehen, den Faden verknoten und ihn so durch ein Loch in der Platte ziehen, daß das Kügelchen oben ist und den Knoten am Durchrutschen hindert. Auflokkerungskugel auffädeln, einen dicken Knoten darunter anlegen und zum Schluß die Ente befestigen. (Zu groß gewordene Löcher mit Klebstoff oder frischer Modelliermasse zuspachteln.)

Huhn im Nest
Hahn als Wandbild

Hier können Sie ganz nach der Grundanleitung arbeiten.

Huhn:
An der Vorderseite im Halsbereich kleine Röllchen aufmodellieren, an der Rückseite nur tiefe Konturen ziehen. Die runden Löcher mit einem Trinkhalm oder einem Röhrchen ausstanzen. Nach dem Trocknen etwas Hafer oder Stroh auf das Nest kleben. Am Band hängt ein Styropor-Ei.

Hahn:
Die Halbkreise des Musters im Mittelfeld mit einem Röhrchen eindrücken. Die Standfläche um die Beine herum etwas dünner drücken, damit sich diese besser abheben. Die Buchstaben mit einer Kugelschreibermine eingravieren. Patinierung: (siehe Anleitung Seite 12) Auf der Standfläche wird die Grünspan-Patina gleich mit KERA TINTO-Patinaöl wieder abgerieben und bleibt nur im Schriftzug voll erhalten. Die Konturen der Standfläche auch mit brauner Metalloid-Patina betonen.

Motive für Diele und Flur

Willkommensgruß

Der Kranz wirkt besonders gut, wenn e massiv gearbeitet wird. Dazu den ge schlagenen Materialblock zu einem dik ken Wulst drücken und beide Enden gu miteinander verkneten (anfeuchten un sorgfältig verstreichen). Anschließend den Wulst mit dem Handballen flach drücken, überrollen und in eine Kranz form bringen.

Die ausgeschnittenen Tauben anfeuch ten bzw. anschlickern, auf dem benäß ten Grund festdrücken und etwas nach modellieren. Blätter und Röllchen al Bänder ebenso ansetzen. Die Blüten mi einer Plätzchen-Ausstechform ausstan zen und in der Mitte mit einem Trink halm oder einem Röhrchen ein Loch ausstechen. Dann die Rückseite mi Schlicker bestreichen und die Blüten am Untergrund festdrücken. Die Kranz platte mit einer alten Zahnbürste o.ä strukturieren.
Die Platte für die Schrift ausrollen und

Metalloid-Patina „Grünspaneffekt“ und braungetönte Patina

Patina-Auftrag (Brauntönung)

die Schleifen etwas ausmodellieren. Fi
die Buchstaben angefeuchtete Röllche
auf der Grundplatte aufdrücken.

Patinierung:

Im oberen Kranzbereich und an de
Kranzrändern wurde etwas Metalloid
Patina „Grünspan" aufgetragen und zur
größten Teil mit KERA TINTO-Patinaö
wieder abgerieben. Die Tauben, Blüte
und Blätter wurden an den Konture
auch mit der Grünspan-Patina betup
und anschließend ebenfalls mit dem o.g
Patinaöl abgerieben (ganzflächig). Au
der mittleren und unteren Kranzfläch
und der hellen Schriftfläche ist anschlie
ßend braungetönte Patina aufgetrage
worden. Bänder, Schleifen und Buch
staben erhielten eine volle Grünspan
patinierung.

Schäfer mit Herde

Schäfer, Schafe und Mantelteile aus ei
ner ausgerollten Grundplatte ausschnei
den (siehe Vorlagenzeichnung). Die an
gefeuchteten Mantelteile auf die ent
sprechenden Stellen auflegen, in Höh
der Unterarme etwas hochwölben un
zum Rücken und zu den Schultern hi

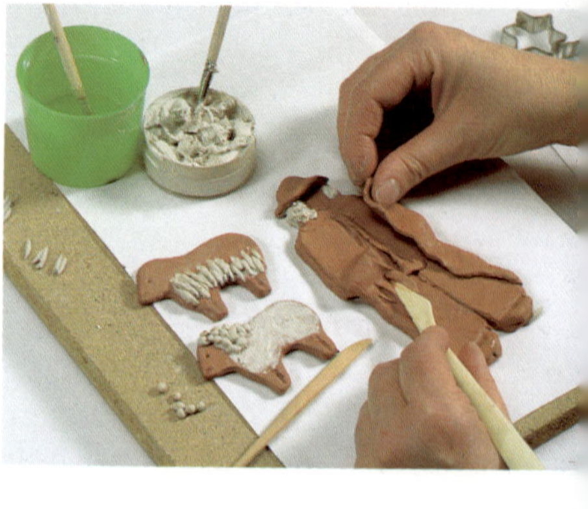

Patina-Auftrag (Brauntönung) mit Ausnahme der Schaffelle

;ut mit dem Untergrund verstreichen.)en Umhang entsprechend der Körper-'orm etwas nachmodellieren. Ein Röll-:hen als Knopfleiste aufdrücken. Die Iutform oben abrunden und die Krem-)e anarbeiten. Das Gesicht mit weißem ;chlicker umgeben (für Bart und Haa-'e). Augen, Mund und Nase andeuten.)ie Hände formen, anschlickern und :in Holzstöckchen darunter durchschie-)en. Für die Schuhe etwas Modelliermasse anfügen. Zwei Schäfchen haben ein Fell aus kleinen weißen Kugeln (mit Schlicker befestigen). Für das Fell der anderen Schafe werden kurze Röllchen in versetzter Form nebeneinander gelegt, deren obere Spitzen am Körper verstrichen werden (von unten nach oben arbeiten). Ein Schäfchen ist hier am Mantel des Schäfers aufgesetzt worden. Einen Korkenzieher-Haselzweig rundbiegen und Schäfer und Schafe daran befestigen.

Konturenbetonung mit weißer Patina (s.S. 12)

Sonne, Mond und Sterne

(Wandschmuck)

Diese modischen Motive können auch zur Herstellung von Steckfiguren für Zimmerpflanzen verwendet werden. Die Objekte kann man dazu etwas kleiner arbeiten und mit einem Stäbchen versehen - siehe Seite 24 - 27. Die Vorlagen lassen sich dazu mit einem Fotokopierer verkleinern.

Das Modellieren der Gesichter ist nicht schwierig. Die Vorlagenzeichnungen zeigen, wo etwas Modelliermasse angesetzt werden muß (schwarze Punkt-Markierung).

Sonne:

Die Strahlen glätten und strukturieren, einen Kreis mit einer Schüssel oder einer Tasse eindrücken. Das Gesicht wirkt natürlicher, wenn man die Kreisfläche etwas vorwölbt (aus Resten einen leichten Hügel formen, mit Folie abdecken und diese „Stütze" unter die Kreisfläche legen). Einen kleinen Wulst als Nase aufarbeiten und zu den Augenbrauen hin verstreichen. Mit der Bleistiftspitze Nasenlöcher in den Wulst bohren. Für Augen, Wangen und Kinn etwas Modelliermasse aufbringen und gut verstreichen. Für Augenlider und Unterlippe angefeuchtete Röllchen aufdrücken (den Mund öffnen, die Oberlippe abschrägen). Das ganze Gesicht schön ausmodellieren. Die Stütze nach dem Antrocknen entfernen.

Mond:

Für Augen, Wange und Nasenflügel etwas Modelliermasse aufbringen. Für Augenlider, Lippen, Augenbraue un Mützenrand angefeuchtete Röllche aufarbeiten (Mützenröllchen nach obe verstreichen).

Stern:

Die kleineren Sternzacken dünner drük ken, damit der größere Stern plastische wirkt. Die Kanten anschließend begra digen. Die Kreise mit einer Dose ode einem Glas eindrücken und den Zwi schenraum und die kleinen Sternzacke strukturieren. Das Gesicht ausarbeiten Wer will, kann nach dem Antrockne noch Feinheiten ausschnitzen (s.S. 9).

Mobile-Kranz

Aus einer ausgerollten Grundplatte di Einzelteile für die sechs Hauptsträng ausschneiden (siehe Vorlagenzeich nungen). Von dem untersten Einzeltei zusätzlich 18 Stück für die 6 Zwischen stränge herstellen, danach 18 Kugel formen. Diese werden später im Wech sel aufgehängt (für jeden Strang dre Kugeln und drei Ovale). Einige Auf lockerungskugeln für die oberen Bän der anfertigen. Für die Aufhängung i jedes Teil kleine Ösen aus dünnem Draht (z.B. Blumendraht) einarbeiten, in die später ein Kettenglied zur Verbindung der Teile eingefügt wird. Die einzelnen Stränge hängen an einem mit Makrameegarn umwickelten Holzring.

Anmerkung:

Die Einzelteile des abgebildeten Objekts sind durchlöchert worden, haben also keine Häkchen. Die oben beschriebene Methode der Ösen-Einarbeitung

Patina-Auftrag (Brauntönung)

ist aber empfehlenswerter, da da Verbinden dadurch erheblich erleich tert wird.

Bemalung mit Keramik-Kaltmalfarbe „Bronze (Metallic)"

Rustikaler Glockenstrang

Glockenstränge sind sehr beliebt un eignen sich besonders zur Dekorati on von Diele, Hauseingang oder Fen ster. Ein selbstgemachter Glocken strang wirkt natürlich viel rustikale und individueller als ein gekaufter. Glocken lassen sich auf verschiede ne Weise herstellen, besonders ein fach ist diese Methode:

Aus geschmeidiger Modelliermass ein kleines Plattenstück ausrollen un in der abgebildeten Form zuschnei den (Zeichnung). Den Streifen auf recht stellen und die Enden über einanderlappend zusammenfügen Beide Seiten mit dem Modellierhol gut miteinander verstreichen (auc innen). Dann ein dickes geschmeidi ges Wülstchen auf der Oberkant aufsetzen und spiralförmig weiter führen, bis die Öffnung geschlosse ist. Die Wulstringe untereinander un am Unterteil gut verstreichen (sieh Pfeil - auch innen). Anschließen glätten, Rand etwas ausgleichen un ein wenig ausweiten. Oben ein hal biertes Kügelchen anschlickern un durchlöchern.

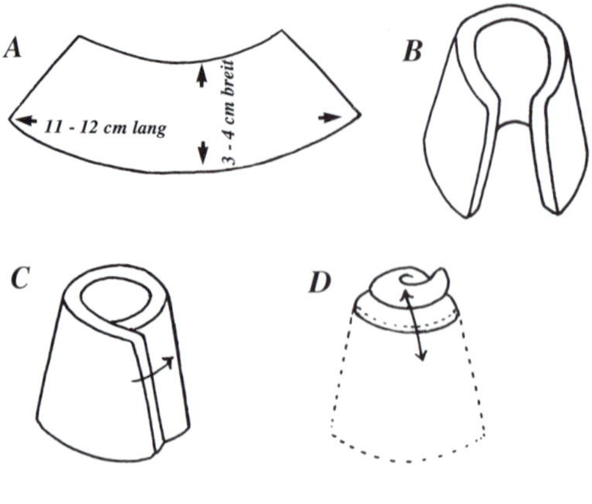

Aufhängung:

Zunächst neun Löcher durch eine Ast zur Fadendurchführung bohren Danach neun Fäden an einem End zusammenknoten und einzeln durc die gebohrten Löcher ziehen. Zu

uflockerung kleine Scheibchen, ugeln o.ä. mit auffädeln und weils darunter einen Knoten anringen.
locken aus rotbrauner Masse irken auch hübsch, wenn sie ur bräunlich patiniert werden.

dventskalender nit Schokoladentalern

ieser Adventskalender ist eine übsche weihnachtliche Wandekoration, die sich immer wieer verwenden läßt. Neue Schokoladentaler sind schnell wieder angeklebt. So einen Kalender können auch schon Kinder anfertigen, auch die kleinsten werden gern beim Ausstechen der Sternchen mithelfen.

Die Tannen nach der Vorlagenzeichnung aus einer ausgerollten Grundplatte ausschneiden. Die Sterne und die Glocke mit einer Plätzchenform ausstechen. Für jeden Tag des Advents wird eine Zahl eingraviert. Ein sehr sauberes Zahlenbild ergibt sich durch

eil-Bemalung mit Goldbronze. Wasserfarben-Auftrag in der Zahlengravur ein Aneinanderreihen von Punkten (mit Bleistift eindrücken). Wenn die Sterne nach der abgebildeten Zahlenfolge angeordnet werden, ist das Sternenfeld auch beim zunehmenden Verschwinden der Schokoladentaler noch harmonisch aufgeteilt. Die Sterne nun in der Form eines Halbkreises anordnen. Anschließend in der Richtung des späteren Fadenverlaufs die Löcher zum Aufhängen in den untersten Tannenzweigen anlegen. (Die Loch-Markierungen in der Zeichnung sind nur Anhaltspunkte. Durch das Modellieren oder durch Benutzung einer größeren Sternform können Abweichungen erforderlich werden.)

Denken Sie daran, daß viele Sterne zwei Löcher benötigen. Jede Tanne wird später an einem Nagel aufgehängt (Mittelloch).

Kleben Sie die Schokoladentaler nach dem Trocknen nur in der Mitte leicht an, damit sie sich gut wieder ablösen lassen (z.B. mit selbstklebenden Fotopunkten).

Engel im Himmelstor

Größere Kinder und junge Leute verschenken zum Weihnachtsfest gern etwas Selbstgebasteltes. Mit diesem weihnachtlichen Wand- oder Fensterschmuck lassen sich gewiß Eltern und Großeltern erfreuen! So wird's gemacht: Zuerst das Motiv vom Vorlagenbogen nach der Grundanleitung arbeiten. Einige Bildteile (Wolken, Ärmel, der obere Stern, Kopf, Hände und Kerze) springen plastisch hervor. Die Wolken und den oberen Stern einzeln ausschneiden, befeuchten bzw. anschlickern und au der gleichbezifferten Stelle der Grund platte aufsetzen. Die Flügel und de Lichtschein ein wenig flacher drücker damit der Körper etwas hervorspringt Für die Kopfform etwas Modelliermasse aufbringen, eiförmig ausmodelliere und zum Haaransatz abrunden. Di Haare mit einem spitzen Holzstäbche strukturieren. Augen und Mund etwa ausmodellieren oder mit einem spitze Stäbchen einritzen. Für die Nase etwa Modelliermasse hochschieben und ausformen.

Feinheiten lassen sich noch in de nächsten Tagen durch Abschaben ode Schnitzen mit dem Skalpell ausarbeite (nach dem Antrocknen).

Wenn das Gesicht nicht gelingen will kann man es auch einfach nur rundlich ausformen und Augen, Nase und Mun später mit Filzstift oder Wasserfarbe aufmalen. Die Ärmel aus einem gan dünnen Plättchen ausschneiden und wi die anderen Teile aufmodellieren (de unteren Rand ein wenig abstehen lassen). Die Konturen des Kleides, de Flügel und die Taille etwas nacharbeiten. Die Halskrause ansetzen.

Anschließend eine Kerze formen, anfeuchten und in Brusthöhe ansetzen Dann die Hände modellieren, anfeuchten und auf der Kerze festdrücken (etwas in den Ärmelrand schieben). Den Strahlenkranz des Tores etwas strukturieren. Die Sterne können mit eine Plätzchenform ausgestanzt werden. Die Befestigungslöcher nicht vergessen! Mit goldenen Metallkugeln auflockern.

emalung mit Goldbronze und etwas Wasserfarbe

Oster-schmuck

Österliches Fensterbild

Diese pastellfarbene Kreation ist ein hübscher Schmuck in der Frühlingszeit und gleichzeitig eine nette Geschenkidee zum Osterfest.
Bei der Herstellung dieses Motivs können Sie ganz nach der Grundanleitung vorgehen. Konturen der Vorder- und Rückseite ausarbeiten. Die Küken, das vordere Ei und die Eischale springen plastisch hervor (nur an der Vorderseite des Objekts). Bei der Rückseite ist es einfacher, wenn man nur die Konturen ausarbeitet (hier auch die gestrichelten Linien der Vorlagenzeichnung nachziehen).
Für die Vorderseite werden die oben genannten Teile aus einer dünnen Platte einzeln ausgeschnitten und auf der entsprechenden Stelle der Grundplatte aufgesetzt (wie auf Seite 8 - 9 beschrieben). Ränder abrunden und die Teile etwas nachmodellieren. Beine formen und anarbeiten. Den Schleifenknoten mit etwas Modelliermasse verstärken. Blat werk und Bänder beliebig strukturiere (die Blüten zeigen den Abdruck eine Filzstiftkappe).

Feinheiten nach dem Antrocknen m dem Skalpell ausarbeiten (s. Seite 9). *Wer die Rückseite nicht ausarbeite möchte, kann dort nach dem Trockne auch einfach künstliche Blätter ode Seidenblüten ankleben, damit da Fensterbild von beiden Seiten hübsc aussieht.*

Schmetterlings-Mobile

(Abbildung Seite 48)
Die Schmetterlinge mit einem Aus stechförmchen ausstanzen oder nach de Vorlage ausschneiden. Die Konture nachziehen und auf den Flügeln klein Löcher mit einem Trinkhalm ausste chen. Für die unteren Bändchen klein Kügelchen formen, sofort auffädeln un diese Fäden später in der unteren Ring mitte anknoten. Die Schmetterlinge a einem gewellten Drahtring befestige (erhältlich im Bastelgeschäft). Mi Seidenblättern und Schleifenband de korieren.

emalung mit Wasserfarben

Bemalung mit Wasserfarben (Konturen, Ränder, Kugeln).